Metodología Agile para una efectiva gestión de proyectos

Tabla de Contenido

Introducción 4

¿Qué es el modelo de gestión organizacional Agile? 5

Origen 7

Filosofía 9

    ¿Como aplicar Agile en el entorno empresarial? 10

    Claves del éxito para la implementación exitosa de la metodología agile
.... 10

Principales diferencias entre la metodología agilen y otros métodos de gestión empresarial 16

10 mandamientos 21

(Decálogo de la metodología Agile) 21

Principios en los que se basa la metodología agile 33

Herramientas más utilizadas (software de gestión) 36

    *Gestión de equipos 37

    *Automatización de CRM (Customer Relationship Management) y marketing 38

    *Comunicación interna y envío de datos 40

    *Diseño y fotografía 42

    *Almacenaje e información compartida 42

    *Encuestas 44

    *Contabilidad y facturación 45

    *Design Sprint 45

Ventajas 47

Beneficios 49

Impacto que produce la implementación de agile en la organización Empresarial 50

Requisitos básicos para implementar agile en la organización 52

Principales bloques mentales dentro de una organización 52

Conclusión 53

Introducción

El éxito de la metodología agile, responde a la demanda de un mercado globalizado altamente competitivo y cambiante, que se mueve a al ritmo acelerado del avance tecnológico, y que busca satisfacer las necesidades de un público exigente, así como asegurar el éxito de las organizaciones empresariales.

Es una herramienta digital para la gestión de proyectos, que se ha puesto de moda en entornos empresariales, a través de la implementación de productos digitales, dirigidos a optimizar procesos, en la ejecución de tareas o hitos.

El enfoque innovador de la metodología agile para la gestión de proyectos, en poco tiempo se ha posicionado, manteniendo la tendencia en alza, en la preferencia de las organizaciones empresariales, que buscan cambiar su cultura tradicional por metodologías más dinámicas que garanticen la satisfacción del equipo involucrado en la gestión de proyectos y asegure el éxito del mismo.

La metodología agile para la gestión de proyectos, ha llegado para cambiar el ADN de las compañías, revolucionado la forma de organización del mundo empresarial, motivado por la necesidad de prestar un servicio de calidad en tiempo récord.

Es una gestión de proyectos que se ha puesto de moda en entornos empresariales, por lo que se hace necesario conocer y manejar esta metodología, para el logro de una mayor producción y competitividad.

En el año 2011, Forbes público el artículo "Por qué Agile se está comiendo el mundo", en el mismo, predecía el futuro de las empresas tecnológicas e innovadoras, visualizando su dominio en el mercado.

Marc Andreessen, uno de los fundadores de Netscape y Mosaic; grandes empresas del mundo del software, fue asertivo en este artículo, afirmando que las empresas en expansión son aquellas capaces de adaptarse a los cambios y dar respuestas a las necesidades del mercado. Hoy día no se concibe la expansión empresarial sin el apoyo de esta metodología.

Es imposible detener la producción en el entorno empresarial, es por esta razón que se requiere fortalecer los equipos de trabajo con una gestión eficiente, el uso de tecnología que se adapte a los nuevos tiempos, como aliado indispensable para la entrega de productos de calidad, a la brevedad y a satisfacción del cliente.

Entre las empresas más destacadas que utilizan la metodología agile, están: Google, IBM, Amazon, Spotify, Apple, Microsoft, Phillips, entre muchas otras. Este nuevo concepto de gestión ha sido exitoso a nivel mundial, la cual ha permitido a estas empresas mantenerse en la cima.

¿Qué es el modelo de gestión organizacional Agile?

Es un grupo de herramientas tecnológicas, creadas para agilizar y maximizar el rendimiento en el desarrollo de proyectos, para dar cuerpo a un nuevo modelo de gestión.

Más que una nueva metodología para la gestión de proyectos es una filosofía basada principalmente en la forma de organizarse y distribuir el trabajo en equipo, de manera más dinámica, que busca desarrollar productos de calidad a una velocidad cada vez mayor.

La metodología Agile adapta e integra la forma del trabajo a las condiciones del proyecto, a fin de lograr mayor flexibilidad e inmediatez en el entorno laboral. Permite trabajar de manera autónoma, organizar mejor los equipos de trabajo, mejorando la efectividad y aumentando la producción, además de contribuir en la reducción de costos, potenciando las capacidades individuales y de la empresa.

Se desarrolla en base a la retroalimentación constante del equipo de trabajo, aportando valor al cliente desde la primera iteración.

Estas herramientas son compatibles con casi todos los ámbitos empresariales, y no está limitado solo a empresas del área tecnológica, por lo que cada día se suman más empresas al uso de estas herramientas a fin de lograr la expansión y el éxito.

Cambia la estrategia de organización del trabajo, troceado en partes, para finalmente ensamblarlo de manera perfecta, en tiempo récord, como si se tratara de un rompecabezas, para dinamizar el equipo de trabajo y aumentar la rentabilidad

La metodología agile tiene como núcleo de funcionamiento, involucrar al cliente en el proceso de desarrollo del proyecto y fortalecer el trabajo en equipo, para reducir considerablemente los tiempos de respuestas.

En la metodología Agile, la frase **"Divide y vencerás"** es utilizada en un sentido positivo y optimista. La división de tareas flexibiliza y agiliza los procesos de producción, para ofrecer al cliente un producto de calidad en menor tiempo.

Cuando se habla de la metodología agile, se hace referencia a un todo, lo que comprende la tecnología y las industrias que han adoptado esta metodología de trabajo.

La metodología agile se ha vuelto la más popular en la última década, como una de las mejores opciones que ofrece servicios innovadores en entornos complejos, con beneficios reales, que brindan satisfacción y aseguran el éxito de objetivos empresariales.

La tendencia a la digitalización de entornos empresariales toma fuerza con el paso del tiempo, y es que la demanda de servicios de calidad en tiempo récord amerita un modelo de gestión manejable que optimice la gestión de proyectos.

Agile está dirigida a organizaciones que necesitan normas para el trabajo en equipo disciplinado, enfocado al éxito y ofrecer al cliente un producto con mejores condiciones. Se ha convertido en un aliado importante del área empresarial, que garantiza la continuidad de los procesos aún en las situaciones más adversas.

Generalmente, los contratos cerrados y la falta de comunicación en los equipos de trabajo, da como resultado, un producto final de baja calidad. La metodología agile es una de las mejores opciones para blindar organizaciones empresariales, pues promete grandes beneficios. Es una necesidad conocer y familiarizarse con esta novedosa metodología de gestión.

Origen

La metodología agile, nace en la industria de la informática y desarrollo de software, originalmente para ofrecer soluciones a los desarrolladores de IT. En la década de los 90, tomo fuerza en el área industrial, posteriormente ocurre la "crisis del desarrollo de aplicaciones" o "aplicación delivery lag", debido que era un sistema lento y tardaba mucho tiempo en dar respuestas a las necesidades de un mercado cambiante.

Las compañías del área de desarrollo de software identifican y comprenden la necesidad de cubrir estos espacios, que no podían ser cubiertos por métodos tradicionales y comienzan a trabajar en la búsqueda de soluciones empresariales y mejora de gestión de proyectos.

La metodología agile se comienza a expandir con mayor fuerza a partir del año 2001, en EEUU, una vez que 17 CEOs de las principales empresas desarrolladoras de software, comparten métodos y formas de trabajo, a fin de crear una metodología de gestión de proyecto, que aporte soluciones reales.

Coincidieron en que los métodos tradicionales de gestión eran muy estáticos y se hacía necesario aumentar el privilegio a los individuos, fortaleciendo su interacción en los procesos, así como permitir la participación activa del cliente y aumentar la capacidad de respuestas a los cambios, durante la ejecución de un proyecto.

En este encuentro de desarrolladores, fue creado el "Manifiesto Agile", en pro de nuevas formas de gestión, en el cual quedan establecidos los valores y principios que deben cumplirse en el marco del trabajo en equipo.

Nace para dar respuestas a las debilidades o limitaciones de métodos tradicionales de gestión empresarial, en los cuales se observaba poca flexibilidad, falta de agilidad y una baja capacidad de adaptación.

Se puede decir entonces, que el manifiesto agile, es una referencia ineludible, que ha llegado para cambiar la realidad del mundo empresarial.

Los softwares más destacados fueron: Agile Modeling, Agile Unified Process, Crystal Clear, Extreme Programming y Scrum.

Filosofía

Cambio de cultura empresarial

El miedo al cambio y el rechazo, son los principales obstáculos con los que han tropezado diversas organizaciones, a la hora de intentar adoptar o modernizar su forma de trabajo, hacia una manera de trabajar más dinámica y digitalizada, como lo es la metodología agile.

Agile apuesta por mayor interacción entre las personas que conforman el equipo de trabajo, estima que con el dialogo, la comunicación efectiva y la participación, es posible lograr los objetivos.

Considera que el uso de papel aumenta la burocracia y entorpece los procesos. La pieza clave de la aplicación de la metodología agile es la interacción total del equipo de trabajo, incluyendo al cliente.

Feedback + Dialogo = Cumplimiento de Objetivos.

La clave del éxito de esta nueva metodología está en la organización y asignación efectiva de tareas, de una manera rápida y flexible, entre los diferentes equipos multidisciplinarios que participan en la ejecución de un proyecto.

¿Como aplicar Agile en el entorno empresarial?

Para implementar la metodología agile en toda organización, el trabajo debe estar basado en los valores fundamentales siguientes:

1.- **Interacción de los individuos y comunicación permanente**, sobre el proceso productivo y las herramientas utilizadas en los mismos.

2.- **El software o producto utilizado debe ser funcional** e ir de acuerdo con lo que se requiere en el proceso de producción.

3.- **Participacion activa del cliente** durante todo el proceso productivo o ejecución del proyecto, con relación a negociaciones y contratos.

4.- **Capacidad de respuesta inmediata** ante un eventual cambio o imprevisto. Es una de las características más importantes de agile, ya que se realizan las pruebas y correctivos durante el proceso, lo que evita contratiempos y perdidas que pueden evitarse.

Claves del éxito para la implementación exitosa de la metodología agile

Adoptar algunas de las tecnologías agile, se convierte en un verdadero reto para oficinas de proyectos, gestores y diversas organizaciones. La metodología agile ofrece múltiples ventajas que saltan a la vista, sin embargo, existen barreras que dificultan esta tarea.

Principales claves

1.- Selección adecuada de herramientas y proyectos

Los mejores resultados en la implementación de la metodología agilen, se obtiene en proyectos experimentales, cambiantes, no definidos, ejecutado por un equipo multidisciplinario, preparado para grandes desafíos y con capacidad de dar una respuesta inmediata.

En los modelos clásicos tradicionales y con final preestablecido, es poco probable su éxito, ya que el equipo tiende a experimentar la sensación de pérdida de control y vuelve a las metodologías preestablecidas.

 Acertar en la elección de la metodología agile, como la herramienta de apoyo que mejor se adapte a la ejecución de un proyecto y cubra las expectativas del mismo, es garantía para la maximización de los beneficios.

El soporte centralizado que facilita una comunicación efectiva, para la evaluación y monitoreo constante sobre la ejecución y avance del proyecto, es una de las características más resaltantes, con la que cuenta la metodología agile.

El equipo multidisciplinario que utiliza este modelo de gestión de proyectos es un equipo empoderado que trabaja con autonomía, y tiene la capacidad de actuar con libertad para participar en decisiones sobre gastos, ingresos, esfuerzos, y avances del proyecto

Agile ha iniciado la revolución de las herramientas para la gestión, como una oportunidad al alcance de tus manos, dirigidas a mejorar rendimiento, reducir tiempo, entrega de un producto final valioso y obtener éxito.

2.- Definir claramente la función del equipo de trabajo

Contar con un equipo empoderado, auto organizado y auto gestionado, donde prevalézcala la participación democrática e igualitaria, con una meta compartida es un plus que contribuye a alcanzar los objetivos deseado dentro de una organización.

La confianza en el equipo de trabajo juega un papel determinante, para la metodología agile.

3.- Dar valor al esfuerzo

Siempre es importante valorar el esfuerzo y premiarlo para aumentar la motivación, en la organización. El trabajador al que se le reconoce su esfuerzo se siente motivado y otros miembros del equipo, perciben de manera positiva ese reconocimiento. Esta es una acción que aumenta el compromiso y el interés de ser más productivo.

Contar con el apoyo de la tecnología aumenta la creatividad y el deseo de esforzarse para ser más competitivo.

Estimación basada en la realidad, siendo equitativos en la asignación de tareas, evita sobrecargar a unos miembros del equipo más que a otros, o asignar tareas incompatibles.

La estimación es importante en todos los métodos de gestión, sin embargo, la metodología agile centra su esfuerzo en trabajos de mayor valor y los que requieren mayor celeridad.

4.-Restricciones

La metodología agile respeta y cumple las restricciones de plazo, costo y calidad, dejando abierta la posibilidad de que se produzca un cambio de prioridades y negociar su alcance. Existe limitaciones establecidas en la metodología agile, con la finalidad de evitar la pérdida de control durante el proceso.

5.- Tensión en equipo

En el equipo multidisciplinario que trabaja con la metodología agile, generalmente se produce tensión debido a que los participantes se sienten más comprometidos e involucrados.

Es importante desarrollar la habilidad de gestionar la tensión en el equipo de trabajo, con actitud positiva y constante, es imprescindible, para que la metodología agile se mantenga en el tiempo.

Aumentar la motivación al logro, donde cada parte involucrada en el equipo de trabajo aporte lo mejor de sí para mejorar sus estadísticas. Es necesario mejorar la percepción del equipo hacia la organización, principalmente que el equipo perciba mayor productividad.

6.- Medición de la gestión del proyecto

La metodología agile, basa sus estimaciones en datos reales, de forma continuada, lo cual permite obtener resultados sorprendentes en tiempos relativamente cortos.

Los elementos principales que se miden en agile, son el flujo, velocidad y capacidad para cumplir compromisos. Estos datos recogidos correctamente permiten realizar las mejoras en los equipos y optimizar los procesos.

7.- Calidad para lograr el éxito

Las organizaciones pueden cometer el error de prestar más atención y enfocarse mayormente en entregar un producto en tiempo breve, olvidando o descuidando la calidad. Este es un error fatal para las organizaciones.

Para la metodología agile, es importante entregar en tiempo breve, pero también es muy importante la calidad, hacerlo eficientemente, entregar un producto que funcione, con el cual el cliente se sienta satisfecho y desee volver o recomendar.

La calidad debe ser parte integral del proyecto durante todo el proceso de ejecución de este. La metodología agile permite incorporar elementos de validación, revisión y medición, que da como resultado un producto final valioso.

8.- Metodología

Agile funciona con pocas reglas, muy puntuales. La organización o equipo de trabajo que recién adopta la metodología agile, debe seguir las indicaciones con estricto orden, sobre todo al principio, mientras se familiariza y se adapta a esta nueva cultura organizacional.

Es importante cumplir con los diferentes roles, reuniones y fases que establece la metodología agile, para obtener los resultados esperados. Se recomienda ir avanzando a medida que se tiene mayor conocimiento y experiencia en su implementación.

9.- Visibilidad y Ajustes de la metodología al proyecto

El cliente forma parte del equipo de trabajo, es un cliente involucrado en la gestión del proyecto, por lo tanto, debe conocer la metodología con la que se trabaja. Independientemente si se trata de una metodología pública o privada, todo el equipo involucrado en la ejecución del proyecto debe saber qué es lo que se hace, como se hace y ver sus resultados.

La metodología agile parte de la premisa de que, a mayor visibilidad, mayor participación del equipo encargado de la gestión de proyecto.

A medida que se va avanzando en la ejecución del proyecto, es necesario hacer revisiones y evaluaciones periódicas, que permitan identificar lo que está funcionando y lo que no está dando resultados satisfactorios Esta práctica permite, una vez probado el modelo estándar, adaptar la metodología a las necesidades, estilo y cultura de la organización empresarial.

La flexibilidad de la metodología agile facilita la adaptación a todo tipo de proyecto y organización. La experiencia del día a día permite identificar fácilmente las fallas y hacer los respectivos cambios, para la optimización del proyecto.

10.- Gestión de expectativas

El éxito en la ejecución de proyectos con la metodología agile, va de la mano con las expectativas que tiene el equipo involucrado del mismo. La metodología agile se adapta a las situaciones de cambio que puedan generar estrés.

Son muchos los desafíos que se presentan durante la ejecución de un proyecto, que necesitan de un esfuerzo mayor para ser solventados.

Puede ocurrir que el cliente cambie de ideas, en cualquier etapa de la ejecución del proyecto, los productos pueden salir defectuosos, ocurre algún evento desagradable, entre otros imprevistos. En este orden de ideas, el uso de herramientas agile, la capacidad de percepción y respuesta inmediata juega un papel importante.

Principales diferencias entre la metodología agilen y otros métodos de gestión empresarial

Metodología Agile

*La metodología agile, esta creada para un entorno dinámico, y soluciones inmediatas ante eventualidades que puedan presentarse durante el proceso

*El equipo multidisciplinario con el que trabaja agile, tiene gran relevancia, puede actuar con libertad en búsqueda de mejores resultados en su desempeño.

*Existe una figura de dentro del equipo de trabajo, con el mismo rango y valor que el resto, que se encarga de facilitar la aplicación de la metodología agile, aportando las herramientas adecuadas para cada caso en particular.

*Evaluación periódica sobre alcance y dirección que lleva su proyecto.

*El control permanente del proceso, a través de la evaluación, permite detectar fallas al momento de producirse, reaccionar a tiempo y tomar medidas correctivas para satisfacer las necesidades del cliente.

*El diseño que se hace al principio, puede sufrir modificaciones de acuerdo a las necesidades cambiantes. (los productos para condiciones de seguridad pre-pandemia no son iguales a los del momento); por ejemplo.

*Es adaptable a los cambios y necesidades que se van presentando.

*La metodología agile admite variaciones en el producto final.

*Es un equipo autónomo, que tiene la libertad de escoger el modo de trabajar para hacer las entregas, sin embargo, sigue estrictamente las normas acordadas.

*Se realizan pruebas constantemente, lo que aumenta la experiencia y minimiza los errores.

*Se produce la retroalimentación, optimizando el resultado final.

*El proyecto se lleva a cabo mediante un trabajo intenso, involucrando y requiriendo el compromiso de los usuarios.

Metodología Tradicional

*El método tradicional, está enfocado en un ambiente estable, rígido, con bases definidas y un presupuesto fijo.

*Los requisitos se establecen antes de comenzar el proyecto.

*El proyecto puede tardar un largo tiempo en entregarse

*Puede ocurrir que las partes soliciten algún tipo de garantía para asegurar un producto que cubra sus expectativas.

*Son modelos dirigidos y controlados.

*Los cambios que van ocurriendo a medida que pasa el tiempo, ya sea en el negocio o los clientes, crean nuevas necesidades, y éstas puede restar importancia al producto final o proyecto.

*El equipo de gestión trabaja bajo control, de acuerdo con la dirección del proyecto y recibiendo órdenes superiores.

*El método de trabajo queda establecido desde el principio del proyecto. Las pruebas se realizan al final del proyecto y no antes.

*Acarrea costos adicionales y pérdida de tiempo, si ocurre una eventualidad.

*Pueden ser causa de la inconformidad del cliente.

*La mayoría de las organizaciones limitan el acceso de los subordinados a los superiores.

*Las órdenes salen de un despacho.

10 mandamientos

(Decálogo de la metodología Agile)

1.-Acciones para fortalecer, reconocer y mantener motivado, al equipo de trabajo

Son acciones que los responsables del negocio realizan para motivar al equipo de trabajo. Debe ser una acción que el equipo de trabajo, vean con agrado.

Aplica en este caso, dar incentivos o si elimina algo desagradable, o mejora condiciones del equipo. Esta acción puede ser tangible o intangible.

Características de estas acciones:

- Los responsables del negocio, puedan otorgarlas
- Puedan hacerlo con frecuencia.
- Sean fáciles de controlar
- Económicamente posible.

Algunas de las acciones con las que los responsables del negocio pueden aumentar la motivación y recompensar de alguna manera al equipo, por el desempeño de su labor, son:

*Expresión verbal y directa de palabras de felicitación por el éxito del proyecto.

*Carta de felicitación e invitarlos a continuar con las buenas conductas.

*Memorando, donde se resalte el compromiso del equipo de trabajo, nombrando el buen acto que ha realizado y entregar copia sellada y firmada al equipo de trabajo.

*Hacer llegar al equipo, con los medios disponibles, los elogios por su buena acción.

*Reportes de reconocimiento que enriquezcan el expediente de cada uno de los miembros del equipo.

*Invitación a almuerzo o cena.

*Mejorar las condiciones del área de trabajo, para que el equipo labore en un ambiente cómodo y ameno.

*Otorgar tiempo libre, o salir más temprano, de ser necesario.

*Brindar cursos de capacitación y entrenamiento para realizar mejores funciones dentro de la organización

*Asignar proyectos de mayor importancia al equipo de trabajo.

*Expresar gratitud y brindar un trato agradable.

*Permitir al equipo que participe en promociones.

*Aumento de sueldo.

*Prima salarial.

*Bonos económicos especiales.

*Asignación de ropa e implementos con el logo de la empresa.

*Asignación de objetos como plumas, tazas, estuches, entre otros, con emblema de la empresa.

*Aumentar y mejorar los beneficios Marginales.

En cuanto a su naturaleza, los beneficios se clasifican en monetarios, no financieros, asistenciales, seguridad y previsión de seguridad familiar.

Entre los más frecuentes están:

- Plan de seguridad Médico asistencial
- Plan de Retiro
- Plan de auxilio Financiero Personal
- Plan Vacacional.
- Licencia por Enfermedad
- Depósito Directo de Nómina
- Alojamiento
- Asignación de vehículos de la empresa
- Servicio de cafetería
- Restaurant
- Otorgamiento de placas y reconocimientos.
- Complementación salarial por enfermedad
- Asociación a club
- Servicio de odontología
- Transporte
- Flexibilización de horarios

*Algún premio de valor económico que la organización estime oportuno y apropiado.

Estas acciones son ejemplares y crean un ambiente favorable dentro de la organización, dirigido a aumentar el compromiso y optimizar la productividad en el grupo de trabajo.

Es importante resaltar que estas acciones deben tener un valor significativo para quien lo recibe. En caso de haber un sindicato dentro de la organización, las mismas deben estar en concordancia con las normas y acuerdos establecidos, cuando sea procedente.

2.-Nivel de comunicación óptimo para mejorar constantemente el trabajo.

Mantener un nivel de comunicación permanente entre clientes, equipo técnico de software y con el equipo de trabajo, para facilitar la vía más expedita para mejorar condiciones de trabajo.

Todo el equipo debe involucrarse activamente en el proceso de producción, a fin de conocer la evolución y necesidades inmediatas que permitan llevar a cabo la culminación exitosa del proyecto.

No se debe esperar a que algún miembro del equipo de trabajo pida ayuda. Durante las reuniones realizadas a diario, cada uno expone el avance de su tarea y si existe alguna dificultad para ejecutarla, el aporte de ideas cada uno, contribuye a solventarlo de manera inmediata.

Información oportuna al equipo. Mantener informado al equipo de trabajo sobre el porqué, el cómo y hacia donde se proyecta la empresa, es una forma de motivarlo a participar y aportar ideas, de esta manera todos se sienten parte importante de la organización.

Compartir la visión empresarial con el equipo de trabajo, le da una claridad de hacia dónde se dirige y cuál es el fin que busca.

3.- Aumentar la productividad

Presencia y visibilidad de todo el equipo comprometido.

Evite en lo posible estar a la defensiva

Sea empático, promueva un ambiente ameno y agradable.

Reste importancia a las quejas y enfóquese en las mejoras del proceso.

No se trata de hacerse el loco ante alguna queja, simplemente evalúe la persona que está siendo señalada y la persona que la señala. Revise las estadísticas de cada uno de ellos.

Quédese con aquella con estadísticas altas o confíe en aquella que está haciendo s trabajo.

Enfóquese en atender y prestar mayor atención para mejorar las condiciones de la persona que tiene las estadísticas bajas.

Mantener la atención y procurar aumentar la comunicación con aquellos miembros del equipo de trabajo que se muestran callados, poco expresivos o tímidos.

Mostrar preocupación por las inquietudes y problemas que manifiesten los integrantes del equipo de trabajo, fortalecer esta relación con preguntas y oír sus opiniones.

Mejorar habilidades para comunicarse con el grupo, escuche atentamente sus planteamientos.

4.-Consenso en la toma decisiones

El desarrollo del proyecto se realiza en un área determinada, done todos los responsables convergen. En la toma de decisión todas las partes involucradas, deben asumir una conducta adecuada y orientada hacia el entendimiento, la cooperación y participar de manera activa, cada uno, exponiendo su punto de vista.

La toma de decisiones debe darse en consenso, tomando en cuenta la opinión del cliente y demás miembros del equipo de trabajo. Las ideas son oídas y sometidas a evaluación, para luego tomar la decisión que mejor favorezca el éxito del proyecto.

Todo el equipo tiene libertad para participar, se impone el dialogo y el consenso, para la culminación de los objetivos previstos.

*Promover la participación del equipo de trabajo en la toma de decisiones

*La opinión de todos los miembros del equipo, conduce a mejoras en el proceso.

*Las ideas aportadas por el equipo, ayuda a identificar y solucionar eficientemente, con mayor rapidez, cualquier falla.

*En las reuniones, utilizar la técnica de tormentas de ideas, de esta manera se hacen más dinámica y las opiniones son más acertadas.

*Aumentar la positividad y optimismo en las reuniones.

* Evitar la negatividad y estar a la defensiva.

*Todas las ideas que se aporten en las reuniones deben ser evaluadas, cada uno debe aportar su punto de vista sobre la misma a fin de encontrar la conexión y el aporte de la misma a la solución que se está buscando.

*Tomar nota de todas las ideas que se vayan aportando. Muchas veces en la idea que parece menos importante esta la solución que buscamos. Todas las ideas tienen un punto de conexión, encontrarlo para perfeccionar una idea original, es el objetivo.

*Actuar con tacto, cuando surjan ideas poco interesantes, para no afectar la participación y el aporte de ideas en reuniones futuras, no desestimar; todas son importantes.

*Dedicar el tiempo necesario para escuchar las ideas que aporta cada uno de los integrantes del equipo de trabajo, es una inversión que se traduce en mayor productividad.

5.-Reuniones de reporte de final de jornada

Esta actividad tiene por objetivo, dar un reporte al final de cada jornada e informar a los demás miembros del equipo de trabajo, cual ha sido el su avance durante el día y en qué condición se encuentra el proyecto.

*Prepare la reunión y evite la improvisación para que la reunión rinda frutos. Las reuniones improductivas generan frustración y desmotivación.

*Todos deben estar debidamente informados sobre el motivo de la reunión, de esta manera estarán preparados para contribuir.

*Cada reunión tiene un propósito y debe cumplirse.

*Los responsables del negocio deben enfocarse en escuchar más que en hablar.

*Durante la reunión se obtiene una visión general de las condiciones en las que se encuentra el proyecto y se gestionan los recursos necesarios, para cumplir con el hito que haya quedado pendiente, de ser el caso.

Las reuniones generalmente tratan los siguientes puntos:

*Evaluación de hitos o tareas

*Integración del equipo.

*Resultados

6.-Atencion a tiempo las necesidades e inquietudes del equipo de trabajo

Eliminar los obstáculos que pongan en riesgo una pronta respuesta a las inquietudes y solución a las necesidades del equipo de trabajo.

Enfocar de manera sistemática los medios para hacer posible una comunicación efectiva y oportuna.

Seguridad en respuestas a las inquietudes del equipo de trabajo, para una mejor percepción y confianza en el entorno de la organización.

*Mostrar honestidad al responder y dar una explicación.

*Procurar responder de manera directa y precisa a las inquietudes del equipo de trabajo.

7.- Control administrativo

La metodología agile a través del equipo multidisciplinario y empoderado administra como un buen padre de familia, los recursos que le han sido confiados.

El equipo de trabajo está comprometido a lograr la máxima efectividad en el desarrollo del proyecto, no puede desatender responsabilidades y es su deber maximizar el resultado

El equipo de gestión de proyecto está comprometido a desarrollar planes que garanticen máxima efectividad, así como facilitar la vía para la ejecución de los proyectos y cumplimiento de los objetivos.

8.-Asignaciones

La metodología agile basa su filosofía, principalmente en asignar tareas a los diferentes equipos multidisciplinarios, en este sentido, los responsables del negocio se aseguran de que haya madurez psicológica y de trabajo, para delegar.

Para asignar tareas es importante contar con un equipo empoderado de conocimientos y habilidades especiales que demuestre compromiso y motivación al logro en el proyecto. Para seleccionar el grupo se debe tomar en cuenta su disposición de querer e identificarse con el proyecto y poder hacerlo; ya que cuenta con la motivación, el conocimiento y habilidades requeridas.

Reglas para escoger un equipo de trabajo

- Al grupo que manifiesta que puede y quiere realizar la tarea que se le asigne; se le delega.
- Al grupo que manifiesta que quiere hacerla y no puede; se le capacita.
- Al grupo que manifiesta que no quiere y no puede; se le reubica.
- Al grupo que manifiesta poder hacerlo, sin embargo, no quiere; se le motiva

9.-Fomentar valores de respeto y solidaridad en el equipo de trabajo.

*La comunicación verbal, tiene efectos inmediatos tanto en la persona que expresa sus ideas, como su interlocutor. Es importante cuidad el uso de las palabras, procurar conocer su significado, antes de decirla.

El desconocimiento de una palabra puede generar malos entendidos y problemas en las relaciones sociales de la organización.

*Cuidar lo que dices, como, cuando y donde lo decimos, para cada cosa hay un momento y un lugar,

*Evite expresarse fuera de contexto, manténgase enfocado en el tema.

*Utilice una escala tonal adecuada, de acuerdo con las circunstancias del momento.

La entonación, es otro aspecto importante cuando nos expresamos. El uso de la escala tonal adecuado, en el momento adecuado, garantiza una comunicación de calidad óptima. Por ejemplo, no puedes llegar a una reunión y dar los buenos días emitiendo gritos.

*El lenguaje corporal.

Un 30% de lo que comunicamos lo hacemos a través de las palabras, el 70% restante lo expresa el lenguaje corporal. Nuestro cuerpo se comunica con señales que puede pasar desapercibido por nosotros mismos, pero nuestros interlocutores si lo perciben.

Es importante mantener la coordinación de movimientos corporales con los pensamientos, y expresarlos a través del habla. Es parte de la comunicación efectiva.

Críticas constructivas adecuadas

- Hacer énfasis en las conductas
- Hacer referencia y enfóquese en los hechos objetivos, aquellos que se puedan percibir con los sentidos, evitando enfocar las mismas en juicios de valor.
- Evitar dar consejos, comparta y solicite información e ideas.

- Prestar especial atención y evaluar. Sacar conclusiones y medir consecuencias.

10.- Construir un equipo empoderado y comprometido con la visión de la organización

La metodología agile facilita al equipo de trabajo el impulso de manera autónoma, con la energía que le imprime la actitud optimista, acciones, palabras, seguridad y firmeza al asumir retos.

Actuar con optimismo, mejora la percepción de la realidad y facilita el aporte de ideas para llevar a cabo la culminación exitosa de un proyecto.

La actitud positiva y optimista, contagia a toda la organización, logrando cumplir con la agilidad en la entrega de un producto de alta calidad en un tiempo breve.

Mostrar evidencias a través de acciones, que demuestren un verdadero compromiso con los fines de la organización, el significado de calidad, agilidad y prontitud en el proceso productivo.

Las palabras y acciones en la medida en que se realizan, correctamente o incorrectamente, son señales que el grupo percibe y de la percepción que el grupo tenga, se crea su propio criterio, que tendrá una connotación positiva o negativa en la organización, reflejándose en la productividad y calidad de los productos.

En este sentido se debe cuidar la forma como comunicarse, así como las acciones que se realizan, para aumentar la motivación al logro del equipo de trabajo.

El objetivo es lograr formar un equipo capaz de dar respuestas rápidas, resolver imprevistos que se presenten durante la ejecución del proyecto y ofrecer al cliente un producto de calidad en el menor tiempo posible.

Poner en práctica acciones que demuestren un verdadero compromiso con la empresa

Palabras y acciones para cumplir objetivos

La actitud colectiva es esencial para que el equipo de trabajo se sienta motivado y comprometido.

Principios en los que se basa la metodología agile

1-La satisfacción del cliente

Esta se logra mediante la entrega breve y continua de productos de alta calidad y que cubran las características exigidas y necesidades del cliente.

2-Evolución de los procesos

La metodología agile acepta el hecho de que un proyecto, independiente mente de la fase de ejecución en que se encuentre, puede presentar cambios y necesitar nuevas herramientas que permitan las modificaciones necesarias para su ejecución. Es un principio que permite el aumento de la ventaja competitiva del cliente.

3-Plazos cortos de entregas.

La metodología agile facilita y flexibiliza el proceso de ejecución de proyecto, para hacer posibles entregas en periodos de tiempo más cortos. Algunas organizaciones planifican iteraciones semanalmente.

4-Trabajo coordinado entre los participantes en el desarrollo del proyecto.

La metodología agile garantiza la ejecución de proyectos con un equipo de trabajo coordinado, que se mantiene unido, dinámico y con voluntad de mejorar constantemente.

La división razonable de tareas, durante las diferentes fases productivas, para ser ejecutadas en coordinación con un equipo multidisciplinario, con un alto grado de comunicación y el aporte de ideas de todo el equipo hace posible la culminación de un proyecto exitoso.

La importancia del uso de la tecnología y un equipo humano empoderado, garantizan la flexibilidad y rapidez en la ejecución de proyectos exitosos.

5-Asegurar y mantener una alta motivación en el equipo de trabajo.

Un equipo que trabaja en un ambiente apto, ameno y agradable, donde prevalezcan valores esenciales como la amistad, confianza y solidaridad, es un equipo motivado al logro y con grandes posibilidades culminar con éxito el proyecto.

El adiestramiento y facilidad de aumentar conocimientos, para mejorar habilidades también es un elemento que aumenta la motivación.

La persona altamente motivada, explota el potencial que tiene, al máximo, acercándolo a la consecución de sus objetivos.

6-Inmediatez

Una de las características que destaca a la metodología agile de otras, es que todo el equipo involucrado en el proyecto tiene la posibilidad de comunicarse directamente, cara a cara, pues todos ejercen sus labores en el mismo terreno donde se ejecuta el proyecto.

No existen barreras en este sentido, que impida la comunicación directa entre el equipo de trabajo, lo que hace más flexible y rápido el proceso.

7- Software funcional

Los productos deben funcionar y cubrir las expectativas del cliente.

No se trata de ejecutar un proyecto solo por hacerlo, el producto final debe cumplir con las características y calidad como fue fijado al principio, incluyendo las mejoras que pudieron surgir durante la ejecución del proyecto y que han sido negociadas con el cliente.

La funcionalidad de software utilizado en la ejecución del proyecto es la principal medida de avance del proyecto.

8-Sostenibilidad

Es importante seguir un ritmo constante en la ejecución del proyecto, brindar atención permanente, que garantice la continuidad del mismo. Mantener el compromiso y voluntad de llevar a cabo el proyecto hasta la culminación exitosa del mismo. Es el compromiso de los promotores, desarrolladores y clientes.

9-Enfoque a la excelencia técnica y diseño.

El equipo multidisciplinario que ejecuta un proyecto bajo la metodología agile, debe garantizar la calidad del trabajo, así como mantener la forma, todo debe funcionar en conjunto, para alcanzar objetivos deseados.

10-**Simplicidad**

Las tareas divididas en el equipo de trabajo deben tener un mínimo nivel de complejidad, para ser ejecutadas. En caso de resultar una tarea de difícil ejecución, el equipo debe buscar fraccionarlas en pequeñas porciones hasta minimizar el nivel de complejidad.

11- **Auto gestionable**

Los equipos de trabajo coordinado, responsables del desarrollo del proyecto, deben ser capaces de organizarse y buscar vías para facilitar y optimizar los procesos, garantizando un producto que cumpla las exigencias previstas para su entrega. Generalmente los productos finales valiosos resultan de la autogestión.

12-**Autonomia del equipo para elegir la forma de cómo ser más efectivo**.

Los equipos de trabajo tienen la capacidad de autoevaluarse, medir su potencial y elegir la mejor manera de ser más efectivos y ajustarlo a su manera de trabajar.

Es un equipo que trasciende, desarrolla habilidades y trasciende a través de la innovación que contribuye a la expansión del negocio.

Herramientas más utilizadas (software de gestión)

Hoy día existen muchas herramientas, que facilitan la gestión empresarial, sin embargo, cada organización tiene características particulares que las difieren de otras, en este sentido, es recomendable probar las aplicaciones que mejor se adapten a las necesidades de la organización y sea afín a los proyectos. A continuación, algunas de las más usadas.

*Gestión de equipos

Asana

Organizador de tareas en tiempo real. Optimiza la comunicación y coordinación, asignando tareas y fechas de entrega.

Meistertask

Gestor de trabajo con la capacidad de coordinar el trabajo de varios miembros del equipo de gestión. Ofrece informes permanentes de tareas, indicando medidas y resultados del rendimiento de cada uno de ellos.

Monday

Herramienta de diseño minimalista. Eficiente gestión de trabajo y comunicación. Gestión de planes y agendas. Muestra información a través de un completo tablero de mando.

Busecamp

Herramienta sencilla y eficaz. Optimiza la comunicación, envío de documentos, asignación de tareas y planificación.

Trello

Organizador de tareas gratuito. Categoriza las tareas y monitorea permanentemente la evolución del proceso. Es práctico y fácil de usar.

Active Collab

Administra listas de tareas cronológicamente, adjunta y envía documentos entre los miembros del equipo.

*Automatización de CRM (Customer Relationship Management) y marketing

El CRM es una herramienta que, utilizada adecuadamente, facilita el trabajo coordinado entre marketing y ventas, fortaleciendo la relación con el cliente.

Entre los más utilizados se encuentran:

Active Campaign

Excelente herramienta para el marketing. Cuenta con CRM propio, automatiza el proceso y envía email. Puede integrarse a plataformas importantes.

Eloqua

Herramienta útil para automatizar el marketing. Segmenta al público objetivo. Automatiza procesos específicos, calificación de clientes y realiza campañas de conversión.

Infusionsoft

Software para automatizar el proceso de ventas y marketing. Combina y gestiona campañas de email, redes sociales y e-comerce.

Mailchim

Software para campañas de email, Administra base de datos de clientes y optimiza la comunicación

Zoho

Excelente software con más de 40opciones de gestión de proyectos. Marketing y ventas, además de creación de email.

*Comunicación interna y envío de datos

Dropbox

Es una herramienta que permite guardar documentos en la nube, de manera que el equipo de trabajo pueda tener acceso a ellos. Es un software seguro, que proporciona copias de seguridad. Ahorra gastos que implica tener un servidor propio.

Chat de Gmail

Facilita la comunicación del equipo de trabajo, a través del chat de la plataforma g mail.

Slack

Es una aplicación alternativa que busca reducir el volumen de envió de correos electrónicos. Su funcionamiento es similar a un chat y facilita la conexión a diferentes aplicaciones.

WeTransfer

Es una herramienta especialmente creada para el envío de documentos muy pesados. Existe un software gratuito, especial para organizaciones pequeñas, con menor capacidad, siendo posible el envío de hasta 2 Gb.

Las opciones privadas pueden soportar mayor capacidad.

*Diseño y fotografía

Canva

Es una excelente herramienta que pone a volar tu imaginación. Este software contiene plantillas, para el diseño de imágenes atractivas, útiles para hacer tus propias publicaciones o crear tu imagen. Muy usada para publicar en redes sociales, folletos, volantes, etc.

Sketch

Es un conjunto de herramientas para el diseño. Facilita la creación de imágenes y desarrollo de habilidades creativas. No necesitas conocimientos de diseñador para hacer un buen trabajo

*Almacenaje e información compartida

Google Drive

Es una herramienta que aporta grandes beneficios a las organizaciones. Permite almacenar compartir y editar documentos en línea, con mayor seguridad, representando un ahorro importante en los costos.

Existen versiones gratuitas y públicas.

Dropbox

Sistema de almacenamiento seguro. Aporta beneficios en ahorro para la organización y tiene gran capacidad de almacenamiento que puede compartir con el equipo de trabajo. Evita el uso de equipos físicos tradicionales y costosos.

*Encuestas

Google Form

Es una herramienta útil para medir satisfacción de clientes. Con este software es posible crear encuestas, personalizar diseños y utilizar email para el envío, además, tiene la capacidad para analizar resultados.

Doodle

Software útil para gestionar el tiempo y programar reuniones. Es un sistema interactivo que permite elegir el horario adecuado de acuerdo con la disponibilidad de la persona.

SurveyMonkey

Herramienta permite crear encuestas y enviarlas al público objetivo. Tiene funciones similares a Google Form.

Typeform

Herramienta útil para realizar cuestionarios interactivos, con capacidad de análisis de resultados.

Officevibe

Es una herramienta muy utilizada para medir el bienestar o condición de la empresa. Se realiza la encuesta a los empleados. Estos son procesados y el manager podrá ver resultados de inmediato.

*Contabilidad y facturación

anfix

Software de administración financiera que utiliza la nube para gestionar la contabilidad de tu organización, de forma efectiva. Con esta herramienta puedes entre otras funciones, crear facturas, subir tickets de gastos y fotos, de inmediato.

*Design Sprint

Es una metodología apoyada en googles Ventures, que consiste en un proceso que **proporciona** información de un producto antes de ser lanzado al mercado, en etapas de prints, incluyendo diseños, prototipos y testeo de clientes, a fin de evitar posibles errores.

Extreme Programming XP

Herramienta de la para startups o empresas en vías de consolidación. Su objetivo principal es contribuir a fortalecer la relación entre empleados y clientes. Optimiza las relaciones personales a través de la comunicación efectiva y productiva.

Fases:

- Planificación que involucra al cliente.
- Diseño del proyecto
- Codificación, para resultados más precisos.
- Pruebas continuas a lo largo del proyecto, para comprobar funcionalidad de códigos.

SCRUM

Es una de las metodologías agile de gestión más utilizadas en el entorno empresarial. Divide las tareas en 3 etapas bien definida; análisis desarrollo y testing. Es una metodología flexible, que se enfoca en la innovación y producción.

Kanban

Es llamada también tarjeta visual. Esta herramienta trabaja con tres columnas, donde se lleva el registro de las tareas pendientes, en proceso o terminadas. Es un sistema dinámico que permite la visibilidad del proceso, al equipo de trabajo, con la finalidad de mantenerlos informados sobre el avance o estatus del proyecto.

Agile Inception

Herramienta útil para definir objetivos generales de la organización. Aporta mayor claridad sobre tipo de cliente, ventas y valor añadido. Gira en torno al método elevator pitch, que se caracteriza por pequeñas reuniones entre socios y equipo de trabajo, con un límite de tiempo de duración de 5 minutos máximo, para cada intervención.

Atlassian Jira

Creada para las empresas de software. Organiza las diferentes etapas del proceso, asigna tareas y monitorea su ejecución. Interfaz amigable e intuitiva que muestra en columnas actividades en desarrollo, culminación de actividades, incidencias y próximas actividades. Toda la información en una sola interfaz.

Puede ser descargada y probada por la organización, por una semana, totalmente gratis. Durante este periodo de tiempo, la empresa conoce las bondades y se familiariza con esta herramienta de la metodología agile.

Ventajas

- Evita la dispersión
- Constante y rápido
- Rapidez
- Enfoca en una tarea encomendada
- Mayor compromiso
- Aumento de la producción
- Utilización de la tecnología para reunirse y evitar reuniones estériles.
- Es posible pensar en grande
- Claridad en las prioridades, que pueden cambiar a lo largo del proceso.
- Fuerzas alineadas en diversas áreas
- Colaboración integrada de equipos
- Innovación
- Aporta valor en forma global

- Capacidad de adaptarse sobre la marcha a las necesidades del mercado.
- Las tareas son distribuidas en un equipo multidisciplinario con alto grado de motivación y autonomía, que al final del proceso ensamblan el proyecto.
- Aumenta la motivación
- El equipo trabaja con autonomía
- Clientes más satisfechos
- Equipo empoderado
- El aporte y colaboración de cada miembro del equipo aumenta la velocidad, el proceso es más fluido y dinámico, arrojando un resultado final óptimo.
- Aumenta la motivación al logro
- Ahorra tiempo
- Reducción de costos de producción
- Agilización y eficiencia
- Reduce el índice de errores
- Garantía de calidad
- Corrección a tiempo
- El trabajo dividido en pequeñas partes, tienen la finalidad de proteger al conjunto de la organización. Al ocurrir un imprevisto, solo una fracción del equipo de trabajo se verá afectada, con posibilidades de ser resuelto en el menor tiempo posible.
- Rentabilización de inversiones
- Responsabilidad compartida o distribución coherente de responsabilidades
- Las responsabilidades se dividen en roles
- Establece los objetivos del proyecto, ajustar y guardarlas previsiones de acuerdo a la realidad.
- Capacidad de adaptación a posibles cambios durante el desarrollo del proyecto, estableciendo prioridades a fin de garantizar calidad y características del producto.

Beneficios

- Capacidad de respuesta rápida
- Reduce riesgos y perdidas
- Ahorro de tiempo
- Mayor control en costos
- Garantiza calidad
- Equipo empoderado y comprometido
- Aumenta la motivación en el equipo de trabajo.
- Gestión y entrega exitosa

Impacto que produce la implementación de agile en la organización Empresarial

Las consecuencias del cambio de cultura empresarial, con la implementación de un proceso de desarrollo dinámico como la metodología agile, se observan en un cliente satisfecho y un equipo de trabajo empoderado.

En los trabajadores y clientes

- Intercambio informativo
- Placer al realizar tareas
- Libertad de participación
- Empatía
- Aumento de la producción
- Aumento de la creatividad
- Satisfacción
- Bienestar

Proceso

- Optimización
- Agilidad
- Flexibilidad
- Dinamismo

Producto

- Calidad
- Características óptimas
- Funcionalidad

Requisitos básicos para implementar agile en la organización

Entre los principales requisitos están:

- Liderazgo y cambio de cultura empresarial
- División del proyecto en hitos o tareas
- Reuniones diarias
- Herramientas propias de gestión de proyecto y técnicas visuales
- Transformación digital

Principales bloques mentales dentro de una organización

Estas son algunas de las frases más comunes dentro de la organización, que obstaculiza la creatividad y limita la producción.

"Evite la ambigüedad"

"Equivocarse es malo"

"Jugar es frívolo"

"Esa no es mi área"

"No soy creativo"

"No sea tonto"

Conclusión

La evolución tecnológica ha aportado conocimientos y herramientas, que permiten el cambio hacia una cultura empresarial de naturaleza digital, que promete procesos más dinámicos y democráticos e impulsan la creatividad y productividad para ser más competitivos, satisfacer las necesidades de tiempo y calidad de los clientes.

El ritmo con el que se mueve el mundo moderno, donde el tiempo es una de las cosas más valiosas para las personas, exige resultados rápidos, y de muy alta calidad, esto motiva a las organizaciones empresariales a buscar métodos que agilicen procesos y mejoren la calidad, con el desempeño de un equipo humano fortalecido.

 El mercado muta, así como la necesidad de implementar nuevas estrategias para desarrollar productos rápidos y competitivos. El desarrollo de la tecnología ha facilitado el camino hacia los cambios de cultura en el mundo empresarial.

Afortunadamente la metodología agile está abarcando cada día más áreas de trabajo, para optimizar procesos, mejorar condiciones del entorno laboral y aumentar producción, provocando satisfacción profesional en el equipo de trabajo, dentro de un ambiente placentero.

A finales del año 2019, el mundo es amenazado por una pandemia, que cambia la percepción de los expertos en negocios. Si nos trasladamos a la posguerra, en la época de la gran recesión, podemos darnos cuenta de que hay un elemento muy importante que marca la diferencia en los dos momentos.

Ahora el mundo empresarial esta fortalecido con herramientas digitales y tecnológicas, que permiten levantar y recuperar con mayor rapidez, aquellas empresas que han tenido que suspender sus actividades por un breve periodo de tiempo. Algunas organizaciones continuaron sus labores, desde el confinamiento a través de la novedosa modalidad del teletrabajo, con ayuda de los medios digitales.

Ha sido una experiencia dura pero enriquecedora, que debe llamar a la reflexión, sobre la importancia de las herramientas digitales para la supervivencia de las organizaciones, independientemente del tamaño y en cualquier situación. Muchas empresas cerraron sus puertas para siempre; no estaban preparadas digitalmente para enfrentar eventos de fuerza mayor como el que todavía enfrentamos.

Se vislumbra en el futuro inmediato, una tendencia mayor al aumento de la implementación de sistemas digitales para la gestión empresarial. Se abre un abanico de opciones tecnológicas de aportan valor a la organización.

Lo más interesante es que estas herramientas están al alcance de todos, existen planes gratuitos para los emprendedores o microempresas, lo que es una oportunidad para cambiar de cultura y apostar a la tecnología para maximizar los procesos.

En este sentido, la metodología agile ha llegado para quedarse, cada día los desarrolladores trabajan con ahínco en la creación de nuevas herramientas digitales o software, dirigidos a aportar soluciones prácticas para el mundo de los negocios.

URL

https://anfix.com/blog/tipos-de-softwares-para-empresas/

https://www.bbva.com/es/metodologia-agile-la-revolucion-las-formas-trabajo/

https://www.wearemarketing.com/es/blog/que-es-la-metodologia-agile-y-que-beneficios-tiene-para-tu-empresa.html

https://blogs.imf-formacion.com/blog/recursos-humanos/recursos-humanos/metodologia-agile-que-es-y-como-aplicarla-a-la-empresa/

https://www.iebschool.com/blog/que-son-metodologias-agiles-agile-scrum/

https://www.iebschool.com/blog/herramientas-gestion-agil-proyectos-agile-agile-scrum/

https://www.iebschool.com/blog/herramientas-gestion-agil-proyectos-agile-agile-scrum/

https://obsbusiness.school/es/blog-project-management/metodologias-agiles/metodologia-agile-cuales-son-los-12-principios-de-su-modelo

https://obsbusiness.school/es/blog-project-management/metodologias-agiles/metodologia-agile-cuales-son-los-12-principios-de-su-modelo

https://obsbusiness.school/es/blog-project-management/metodologias-agiles/metodologia-agile-cuales-son-los-12-principios-de-su-modelo

--

https://obsbusiness.school/es/blog-project-management/metodologias-agiles/metodologia-agile-cuales-son-los-12-principios-de-su-modelo

https://www.iebschool.com/blog/que-es-agile-project-management-ventajas-agile-scrum/

https://www.iebschool.com/blog/que-es-agile-project-management-ventajas-agile-scrum/

https://www.iebschool.com/blog/que-son-metodologias-agiles-agile-scrum/